Doris Firmkranz

Ziegen am Dach

oder

Nobody is perfect

Über die Autorin:

Doris Firmkranz lebt in Tulln an der Donau. Neben ihrer journalistischen Tätigkeit schreibt sie Kurzgeschichten, Gedichte und Essays. Nach dem „Roman für Menschkinder zwischen 8 und 80, Lilo Lustig und der Engel der Zeit" – herausgegeben 2010 - ist das vorliegende Werk ihre zweite Veröffentlichung.

FSC
www.fsc.org
MIX
Papier aus ver-
antwortungsvollen
Quellen
Paper from
responsible sources
FSC® C105338

Layout und Gestaltung: Doris Firmkranz
Illustrationen: Benedikt Brabetz
Sponsoring: Niederösterreichische Nachrichten
Verlag und Herstellung: Books on Demand, Norderstedt
ISBN 9783746097947

Ziegen am Dach

oder

Nobody is perfect

Heiteres und Kurioses aus dem Alltag einer
Zeitungsredaktion

Ausgesucht und kommentiert von Doris Firmkranz

Illustriert von Benedikt Brabetz

EIN KLEINES VORWORT

Liebe Leserin, lieber Leser!

Es erheitert mich stets, wenn ich bei meiner Arbeit in der Redaktion auf missverständliche Wortwahl, unglückliche Formulierungen und amüsante Tipp- und Rechtschreibfehler treffe. Das soll nicht heißen, dass ich mich über Kollegen lustig mache. Wir machen alle Fehler …

Die lustigsten und kuriosesten Hoppalas habe ich im Laufe der Jahre zusammengetragen. Fündig wurde ich dabei nicht nur in den Tullner NÖN-Ausgaben, sondern auch in den Berichten unserer Mitarbeiter vor Ort, in Presseaussendungen sowie in anderen regionalen Medien. Sollte sich der eine oder andere als Urheber der nachfolgenden Hoppalas wiederfinden - bitte nicht böse sein!

Sie sollten wissen, dass nicht alles tatsächlich so wie hier zu lesen in der Zeitung erschienen ist. Das meiste konnte von Korrekturlesern rechtzeitig entdeckt und ausgebessert werden.

Doris Firmkranz, im Mai 2018

PS: Üben Sie bitte Nachsicht, sollten Sie auf den folgenden Seiten ein Hoppala meinerseits finden – nobody is perfect!

BUCHSTABENSALAT UND ZAHLENSPIELEREIEN

Buchstaben entwickeln mitunter ein Eigenleben. Sie erscheinen manchmal an Stellen, für die sie eigentlich nicht vorgesehen waren. Ein Klassiker:

Champignon

So wird aus einem Gewinner, etwa dem Sieger einer Hundeausstellung, ein Speisepilz.

Bei den

schlafflosen Nächten

hat sich ein einziger Buchstabe eingenistet, der hat es aber in sich!

Ein fehlendes R macht aus jugendlichen Messdienern weibliche Verwandte:

Ministanten

Mütterlicher- oder väterlicherseits - und überhaupt: Wer ist Mini?

Verhängnisvoller Buchstabentausch:

Kotsen und Nutzen

Bitte, wo ist hier der Nutzen?

Doch nicht nur Buchstaben verhalten sich von Zeit zu Zeit seltsam, auch Ziffern nehmen manchmal eine Fehlstellung ein:

Handballer fertigen die Schweiz 32 : 34 ab

Was für ein Kantersieg! Tatsächlich siegten die österreichischen Handball-Herren in einem WM-Vorbereitungsspiel gegen die Schweizer relativ klar mit 32 : 23.

Daneben gegriffen! Aus Sepp wird ein

Depp

Ganz schön peinlich, besonders wenn es sich dabei um eine honorige Persönlichkeit handelt. Übrigens: S und D sind Nachbarn auf der Computertastatur.

Neue Tiergattung entdeckt?

Dachziegen???

Bergziegen – klar. Hausziegen – auch klar. Aber Dachziegen? Ach so, da hat sich ein L vertschüsst.

Platztausch: „Au"-weia! Da hat man doch tatsächlich einen

Buam

gepflanzt!

VORSICHT, FREMD(ES)WORT!

Manch einer ist mit Fremdwörtern nicht sonderlich vertraut:

energieaudak bis 2015?

Hätte der Autor nur seine Energie dazu verwendet, ein Fremdwörterbuch aufzuschlagen!

Am besten laut lesen, dann versteht man, dass für

Angaschmon

gedankt wird!

Klar ist, wer mit den auf der Bühne stehenden

Subranistinnen

gemeint ist.

Aus einem Feuerwehrbericht:

Der Notarzt stellte Verdacht auf Schädel-Hirn-Träume fest.

Wer sagt, Träume sind Schäume?

MISSVERSTÄNDLICH

Die Frage

Wer hat den längsten?

schaffte es sogar aufs Titelblatt. Es ging um – Maibäume! Ein Schelm, der anders denkt!

Interessant …

Wie machen es die Pfadfinder?

Gute Frage!

Ferienwoche kranker Kinder am Bauernhof:

Die Tiere brachten die Kinder und Jugendliche sogar dazu, Dinge zu tun, die sonst nur mit viel Überredungskunst getan werden.

Tiere sind ja doch die besseren Überredungskünstler.

(Angeblicher) Versprecher eines Fremdenführers:

„Und hier ist das Strafzimmer."

Das sagt doch einiges über die zwischenmenschlichen Gepflogenheiten einstiger Schlossbewohner aus.

Ist ja schön, wenn viele Leute kommen, aber wenn sich der Wirt über ein

befülltes Lokal

freut, will man auch wissen, womit die Örtlichkeit denn eigentlich so voll gemacht wurde.

Titel einer Presseaussendung:

Polizei Vorreiter bei Demenz-Ausbildung

Kann man künftig etwa damit spekulieren, dass der Demenz-ausgebildete Polizist straft und das im nächsten Moment wieder vergessen hat?

Aus der Gemeindechronik:

Vor 50 Jahren gab es drei Hochzeiten an einem Tag, darunter 2 Brüder und 2 Schwestern.

In welchem entlegenen Winkel unseres Landes herrschten vor einem halben Jahrhundert derart skandalöse Zustände?

Priesterehe?

Zu Ehren der auf Kur weilenden Gattin Edith taufte Pfarrer XY den neuen Grünen Veltliner „Kurwein".

Der Herr Pfarrer scheint seiner Zeit weit voraus zu sein.

Apropos Kirche:

Die Familienmesse wurde gestaltet unter dem Motto „Was haben Nüsse mit den Heiligen gemeinsam?"

Das hätten wir auch gerne gewusst!

Auf der Suche nach der verlorenen Katz':

... ist es wichtig, vor und nach Urlaubsantritt Garagen, Keller, Schuppen, etc. vor ungebetenen Gästen zu kontrollieren.

Dorthin könnte sich nämlich eine fremde Katze verirrt haben.
Kontrollrundgang aber bitte nur im Beisein unerwünschter Besucher!

Lions spenden oft und gerne, vor allem jedoch einfallsreich:

Im Zuge der Merkur-Aktion wurden von den Lions vor wenigen Wochen Kleinkinderspenden an das Jugendreferat der BH Tulln übergeben.

Die Beamten der Bezirkshauptmannschaft werden sich sicher sehr über die lieben Kleinen gefreut haben

Zum Thema Hundekot wird ein Herrchen zitiert:

Ein gut erzogener Hund geht genau dorthin, wo man es ihn lehrt …
er ist sich seiner Vorbildfunktion sehr bewusst.

Herrchen hat anscheinend selbst einen guten Lehrer gehabt.

UNGLÜCKLICH FORMULIERT

Aus einem Unfallprotokoll:

Rauch stieg aus dem Motorraum aus.

Da drängt sich die Frage auf: „Ist er zuvor auch eingestiegen?"

Porträt einer Unternehmerfamilie:

Die Familie stammt aus Bulgarien, ist aber schon seit längerer Zeit in Österreich aufhältlich.

Dann sollte ihr die Ausdrucksweise des Reporters eigentlich verständig sein.

Umgekehrt geht es auch:

Es wäre gut, wenn ... das Buswartehäuschen einsichtig wird

Schlecht wäre vermutlich, würde es stur bleiben.

Magisch:

Ein Zauberer darf in keinem Kinderprogramm nicht fehlen.

Was jetzt?

Rechtschreiben ist voll schwierig:

Der Traktor war voll bedankt.

Dafür war man auch echt voll tankbar.

Hohe Ansprüche in Bezug auf pädagogische Fähigkeiten stellt ein Kollege, wenn er schreibt:

Das Kindergartenpersonal muss stets danach trachten, den Kindern eine fröhliche Tante zu sein.

Ich plädiere für Einführung des Faches „Fröhlich sein" in der Ausbildung künftiger Kindergartenpädagoginnen.

Auch Schlagzeilen und Überschriften sind vor Verunglimpfung nicht gefeit:

Spendenscheck für tote Feuerwehrleute

Hilfsbereitschaft kennt eben keine (irdischen) Grenzen.

Das Wetter war schuld!

33 Wanderer trotz Wetter

Wie groß wäre wohl die Beteiligung gewesen, wenn kein Wetter gewesen wäre?

Aus einem Bericht über einen fleißigen, jungen Komponisten:

Mittlerweile zählen seine Finger 90 Stücke.

Da muss er ja jetzt auch als Pianist Furore machen!

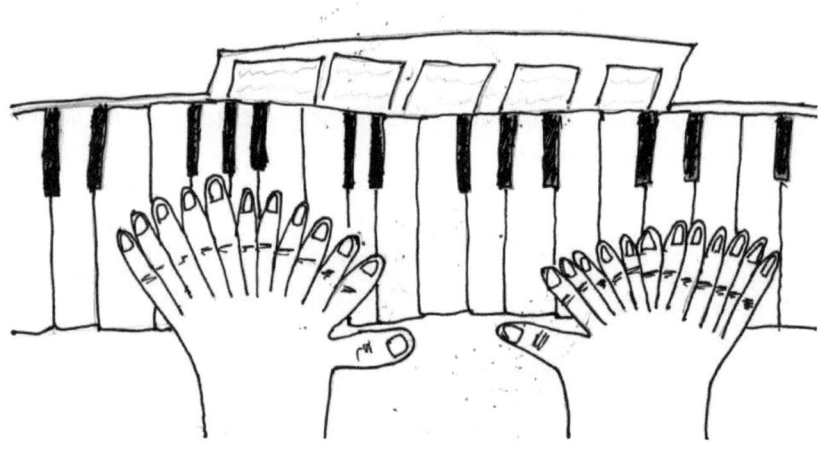

Das Lenken eines Pkws als Kapitalverbrechen - Ein furchtbares Vergehen, begangen von einem Einwohner der Gartenstadt, wurde im Nachbarbezirk aufgedeckt. Im Titel stand:

Ein Tullner wurde in Gablitz beim Autofahren erwischt

Dass er ohne Führerschein unterwegs war, stand dann erst weiter unten im Artikel zu lesen.

Alarmstufe 3 für alle Gastwirte:

Der Schrecken aller Wirtsleute, die sich in der Hauben-haut-volèe bewegen, der Gault Milleau, ist erschienen.

Wie kann man die Gastronomie nur so in Angst und Schrecken versetzen?

Aus einem Künstlerportät:

Ihre neue Aufgabe dabei ist, dass sie sich an Pferden versuchen will.

Neue Aufgaben sind immer eine Herausforderung, erst recht mit Pferden.

Über die fürsorglichen Organisatoren eines Flohmarktes:

Auch für den kleinen Hunger zwischendurch wurde gesorgt.

Hätte man für einen größeren Hunger gesorgt, wären wohl die Brötchen ausgegangen.

Dativ oder Akkusativ? Die Folgen eines Fallfehlers:

Die Feuerwehr ... befreite den Lenker aus dem Fahrzeug und übergab ihm den Rettungsdienst. Dieser wurde ins Spital gebracht.

Ein bedauernswerter Lkw-Lenker wird nach einem Unfall gerettet, allerdings nicht ohne ihm im Nachhinein eine große Bürde aufzuhalsen, nämlich den Rettungsdienst. Der landet schließlich dort , wo er hingehört: im Krankenhaus.

Idylle pur – Vogelwanderung in der ALPENGEMEINDE Königstetten

Die Mönchsgrasmücke ...... ist erst vor zwei Wochen in Österreich angekommen und singt jetzt ganz heftig.

Da sind wir aber wieder heftig beeindruckt!

Pensionistenausflug in die Kristallwelten:

Wer Mut hatte, durfte auf einem Probestück Glas schleifen versuchen.

Ganz schön tapfer, unsere Senioren!

Aus einem Gemeinderatssitzungsprotokoll

Beim Kanalbau erfolgt lediglich die Erweiterung für eine Parzellierung, da das gesamte Gemeindegebiet bereits zu 100 Prozent entsorgt ist.

Schrecklich, ein ganzer Ort landet im Restmüll!

Frau mit seherischen Fähigkeiten?

Die Vereinsobfrau gab einen Rückblick und einen Ausblick auf die kommenden vier Jahre.

Was immer da auch kommen mag.

Seite an Seite mit Hochwasserschutzeinrichtungen standen Feuerwehrleute im Einsatz. In dem Bericht über eine Flutkatastrophe hieß es nämlich:

Der Bezirksfeuerwehrkommandant lobte die gute Einsatzbereitschaft im Bezirk, zu der auch 30.000 Sandsäcke gehören.....

Wer redet da noch von Mitgliederschwund? Nur - die Angelobung der 30.000 Sandsäcke muss ja eine schöne lange Weile gedauert haben!

Wer kontrolliert hier wen (nicht)?

Wut hat Teenie nicht unter Kontrolle.

Vertrauen ist gut, Kontrolle besser

Aus einem Festprogramm:

Einlass ist um 18.30 Uhr, der Sektempfang um 18 Uhr.

Die Organisatoren wollten vielleicht unter sich bleiben.

Feuer und Flamme:

Ein Motorrad wurde mittels Hochdruckrohr gelöscht.

Und futsch war's, das Motorrad!

Aus dem Jahresrückblick eines Pensionistenvereines:

Außerdem erinnerte man sich bei der Hauptversammlung an die Besichtigung der Likörerzeugung Bailloni, die man mit einem Ausflug nach Maria Taferl verband, und an das Wildessen.

Essen und Trinken halten Leib und Seele zusammen! Der berühmte Marillenlikör aus der Wachau muss einen bleibenden Eindruck hinterlassen haben. Aber auch der Rehbraten oder das Hirschgulasch oder was immer an dem Tag auf der Speisekarte gestanden ist dürften sich ins Gedächtnis der Senioren eingeprägt haben. Wallfahrtskirche? Lag grade mal so auf dem Weg.

Schau, schau

Die Stimmung erreichte ihren Höhepunkt, als ein bekanntes Gesicht zur Tür hereinkam.

Das Gesicht gehörte dem Herrn Bürgermeister.

ÜBER DAS ZIEL HINAUSGESCHOSSEN

Eine gelungene Einleitung eines Artikels ist jene, die den Leser sofort in seinen Bann zieht, ihn zum Weiterlesen förmlich drängt.

Klopapier ist von unseren Toiletten genauso wenig wegzudenken wie die Toilettenschüssel selbst.

Ein Kollege nimmt es mit dem Bildungsauftrag besonders genau.

Anderes Beispiel gefällig?

Ballspiele gibt es schon seit 6.000 Jahren. Der Ball, in der vollkommensten aller Formen, der Kugel, symbolisiert die Erde, die Sonne und das Universum. Der Ball ist auch ein beliebtes Sportgerät.

Hier handelt es nicht um einen Textauszug einer Dissertation zum Thema „Der Ball und seine Bedeutung in der Weltgeschichte". Diese Zeilen wurden anlässlich der Raiffeisenjugendspiele verfasst.

Manche Kollegen nehmen ihre Informationspflicht übertrieben ernst und sind dann untröstlich, wenn ihre mühsam recherchierten Zeilen dann nicht in vollem Umfang abgedruckt werden. Folgendes Zitat zeugt von genialer Beobachtungsgabe:

In einem fast einheitlichen Rhythmus bewegte sich der Chor von links nach rechts und von rechts nach links. Damit unterstrichen die Sänger ihre emotionale Verbundenheit mit dem Gesungenen.

Schunkelnde Sänger oder singende Schunkler?!

Verfasser von Presseaussendungen überschätzen von Zeit zu Zeit das Interesse des Lesers für ein bestimmtes Thema. Ab und zu besteht ein gewisser Unterhaltungswert, wie das folgende Beispiel beweist:

Der Segelfalter – ein Star der heimischen Insektenwelt .... Im Sommer gleitet er über die heißen Asphaltstraßen und versucht, durch Höherfliegen dem Verkehr auszuweichen – leider nicht immer rechtzeitig.

Das hat der Star nun von seiner schlechten Reaktionsfähigkeit! Besser, er wäre im Dschungel-Camp geblieben.

Vom Begräbnis eines angesehenen Bürgers einer Marktgemeinde:

Als der Sarg mit den sterblichen Überresten in ein Kfz der Bestattungsfirma verladen wurde, intonierte die Musik zum Abschied das Lied „Ich hatt' einen Kameraden" und der Pfarrer rief ihm nach: „Lebewohl, Hannes! Ruhe sanft und auf Wiedersehen."

Es ist, als wäre man live dabei gewesen. Nur, der gut gemeinte Bericht ist dann etwas gekürzt in der Zeitung erschienen.

Auch die Sportredaktion kann ein Lied von ausuferndem Informationspflichtbewusstsein singen. Hier ein zweiseitiger Bericht eines Sportereignisses (auszugsweise!):

Was nach dem Rennen geschah: 13 Uhr: offizieller Termin für die Siegerehrung und es wird pünktlich begonnen (Schaut, schaut), *13.05 Uhr: alle am Tisch wollen ihren Essensbon einlösen* (Um diese Uhrzeit darf man schon einen Hunger haben) *und bestellen etwas zum Essen. Andreas bestellt eine Grillwurst und zwei Bier.* (Der Durst ist anscheinend größer als der Hunger*) Der Kellner weist darauf hin, dass es bei warmen Speisen etwas länger dauern könnte.* (Da muss wohl noch ein drittes Bier her) und so weiter so fort.

Auch hier versteht es sich von selbst, dass der Text nicht in vollem Umfang in der Zeitung zu finden war.

Und weil 's so schön war, hier noch ein Beispiel für ausführliche Berichterstattung, diesmal von einem Seniorenausflug (der Verfasser möge mir verzeihen):

Rückblick Ausflug in die Käsemacherwelt

27 Personen

Herrliches Wetter

Angenehmer Verkehr

Hilda (Name von der Autorin geändert) und Chauffeur begrüßen Gäste.

Hilda stellt heutiges Programm vor und teilt mit, dass die Käsemacherfabrik den heutigen Termin abgesagt hat, obwohl eine schriftliche Mailzusage vorlag.

Hilda verteilt mit Meier Erna Schnaps an die Fahrgäste.

Nach ausgiebigem Frühstück und nochmaligen Telefonat mit der Käsemacherwelt konnte uns Hilda mitteilen, dass die Führung in der Käsemacherwelt schon möglich ist - nur der Verkauf für den heutigen Tag noch nicht geöffnet hat.

Dies war aber kein Problem und wir konnten unseren ersten Schock vergessen.

Sehr interessante Führung in der Käsemacherwelt mit ausgiebiger Verkostung

Als Trostpflaster erhielt jeder eine Packung Schaf- oder Ziegenmilch.

Anschließend Mittagessen. Manche hatten noch keinen Hunger nach der Käseverkostung.

Weiter ging es zur Frotteewarenfabrik.

Auch hier gab es eine sehr kompetente und lehrreiche Führung mit anschließender Einkaufsmöglichkeit.

Wir wurden auch aufgeklärt über die Sünden bei Frotteestoff-Waschen (nicht silanisieren und nicht bügeln und am besten mit Wäschetrockner trocknen).

Wir erfuhren auch und konnten uns überzeugen, dass sich die Bambusfaser noch weicher und angenehmer anfühlt als auch weit mehr Flüssigkeit aufnehmen kann.

Nach abschließendem Heurigenbesuch am Manhartsberg ging es wieder nach Hause.

Ein gelungener Tagesausflug

INFORMATIV

Ein freischaffender Schriftsteller und Bewusstseinsforscher (so die Eigendefinition) bot der Redaktion umfassende Abhandlungen zur Veröffentlichung an. Unter anderem zu folgenden Themen:

Die spirituelle Dimension der Migräne-Aura

Damit will er uns offenkundig beweisen, dass nicht nur Lebewesen eine Aura haben, sondern auch der einseitige Kopfschmerz eine solche besitzt.

Vom Haaresträuben zur Bewusstseinserweiternden Ekstase

Wer hätte den Weg dorthin nicht allzu gerne kennengelernt?

Die Bedeutung der Gänsehaut in der indischen Tradition

Was lernen wir also von den Indern? „Wärmer anziehen!"

Ein kurzes Essay über den Sinn des Lebens

Wie schön, dass ihn endlich einer gefunden hat!

Besonders im Fachjargon kann es mitunter zu den kuriosesten Wortkreationen kommen, wie die folgenden Ungetüme beweisen:

Atemluftfüllberechtigt

Jungbürgerförderungsmappe

Seifensiedeworkshopfortsetzungs- und Vertiefungsseminar

Klopf-dich-froh-und-frei-Aufbauseminar

Die Würze liegt hier offenbar nicht in der Kürze.

Das Vortrags- und Kursangebot wird immer vielfältiger. Da gibt es etwa einen

Schweinebesamungskurs – Will man das wirklich lernen?

Schweinezerlegung in der Praxis - Vielleicht ist es besser, das dann doch dem Fleischhauer zu überlassen.

Nimm dir Zeit zum Lachen – Ein Pflichtkurs!

Gesunde Beine – schöne Beine mit Tipps zum Anziehen von Kompressionsstrümpfen - Meine Oma gibt mir sicher welche zum Üben.

FESTE FEIERN WIE SIE FALLEN

100. Geburtstag:

Die Jubilarin ist schon schwerhörig, sonst oft noch lebhaft, mit Gedächtnislücken

Edith Klinger sel. hätte es nicht besser formulieren können!

Man gratuliert:

Der Pensionist vollendete kürzlich bei erträglicher Gesundheit das 92. Lebensjahr

Wenn nur alles so erträglich wäre!

Ganz schön frivol, so ein Schulball! Wie man unschwer dem Bericht über eine Ballveranstaltung entnehmen kann, lässt die Moral auf manchen Schulveranstaltungen sehr zu wünschen übrig:

Die Direktorin zeigte mit dem Schulsprecher vor, wie es geht und andere taten es ihr mit ihren Liebsten gleich. Dann wird der Ballorganisator zitiert: *„Ab 1 Uhr können sie im Stadtsaal tun, was sie wollen".*

Ob dieser Einladung auch wirklich viele in vollem Umfang gefolgt sind, entzieht sich meiner Kenntnis.

Es geht nichts über schlichte Sachlichkeit. Auch so kann ein Ballbericht aussehen:

In der Vorhalle (Foyer) gab es eine Sektbar, die vor allem der Kommunikationspflege diente und im Keller eine Disko-Bar. Um ca. 22.45 Uhr machte die Musik eine erste Pause, die dem Feuerwehrkommando dem Zweck diente, die Tombolaverlosung durchzuführen.

Na, komm schon, ein Glaserl Sekt und schon wird 's lockerer!

Kirtag is's wieder!

Vor fünf Jahren machte der Kirtag 30 Jahre Pause.

Reisen durch die Zeit – und die ist dehnbar. Stephen Hawking hätte seine Freude gehabt.

Der 6. Dezember wird allerorts gefeiert. Der Nikolaus hat viele Besuche zu absolvieren. Dieser hier glänzte mit einer anatomischen Auffälligkeit.

Der Feuerwehrkommandant hob selber die Terrassentür heraus, weil der Nikolo mit seinem riesigen Sack sonst nicht durch die Tür gepasst hätte.

Wofür die Feuerwehr alles herhalten muss!

Ein Punsch zu viel?

Um 17.30 Uhr kam der Nikolaus eingerauscht.

Der gabenbringende gute Mann scheint dem Alkohol nicht abgeneigt gewesen zu sein.

Der Bericht über eine Abendveranstaltung endete mit der Feststellung:

Hauptsache war, dass es den vielen Besuchern gefallen hat, denn sonst wären sie nicht so lange geblieben.

Was für eine Party!

Apropos Party:

Der Jugendclub lädt am Samstag von 19 bis 23 Uhr zum Parten machen, Shaken und Freunde treffen.

Und da sage einer, die heutige Jugend sei vergnügungssüchtig ...

So eine Völlerei!

Da die Gäste zum Abendessen gekommen waren, konnten sie trotz der ausgelassenen Stimmung nicht auf den Tischen tanzen.

Ein dicker Bauch, der tanzt nicht gern. Und schon gar nicht auf Tischen.

(HINTER)FRAG(ENS)WÜRDIG

Tag der offenen Tür beim Tierarzt

Wieder eine Stunde später waren Kindergärten und Schulen zu Gast und natürlich auch viele Patienten mit ihren Lebewesen.

Fragen über Fragen: Wie sind die Kindergarten- und Schulgebäude zum Haus des Tierarztes gelangt? Hatten sie ein Gastgeschenk mitgebracht? Sind Menschen Lebewesen? Welche davon waren Patienten? War das vielleicht gar kein Tierarzt? Brachten Herrchen und Frauchen ihre Tiere zum Veterinär, oder war es vielleicht umgekehrt?

Bericht über eine Tierliebhaberin

Martina nimmt alle Tiere auf, die von Menschen bzw. Kindern misshandelt und nicht geliebt werden.

Menschenskind! Kinder sind doch auch nur Menschen.

Über versteckte Talente sinnierte ein Berichterstatter der Lesung eines Hobby-Autors:

Er hat damit jedenfalls bewiesen, dass hinter einem Bauingenieur auch ein Literat stecken kann.

Wer hätte das für möglich gehalten!

Feuerwehrleute sind stets zur Stelle, wenn sie gebraucht werden, wie folgendes Beispiel beweist:

Die Kameraden schoben den Ford händisch zurück auf die Straße und wechselten der Lenkerin den Reifen.

Ob die Frau mit Sommer- oder Winterreifen bestückt unterwegs war, stand nicht in dem Bericht.

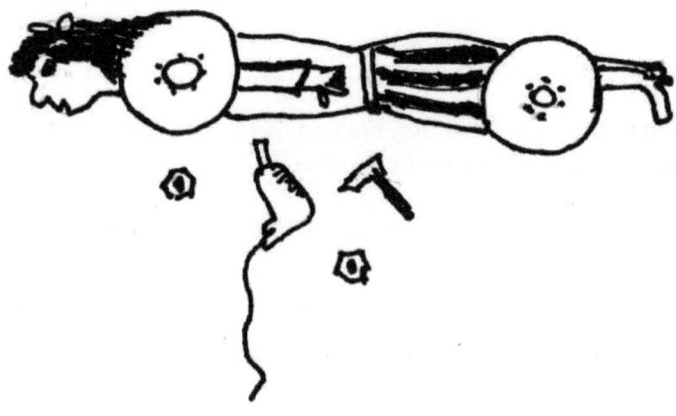

Apropos Pannenhilfe:

Nachfolgende Fahrzeuge leisteten erste Hilfe.

Erstaunlich, was die moderne Fahrzeugindustrie heute zu leisten imstande ist!

Aus einem Feuerwehrbericht:

Das Fahrzeug geriet ins Parkett und konnte sich nicht mehr auf die Fahrbahn lenken so dass es den nahe stehenden Baum anprallte.

Was hat das ungestüme Fahrzeug eigentlich am glatten Parkett verloren? Kein Wunder, dass es von selbst nicht mehr auf die Straße zurückgefunden hat. Dass dann auch noch so ein vermaledeiter Baum im Wege steht, geschieht dem Auto ganz recht!

Dass sich unsere Silberhelme auch in unwegsamem Gelände hervorragend zurecht finden, ersieht man aus einem Bericht über eine Feuerwehrübung:

Nur die mutigsten Feuerwehrleute wagten den Abstieg mittels Abseilgerät über die Steilwand in der Feuersbrunner Schottergrube.

Ja, wenn der Berg ruft . . . wird der Wagram zum Hochgebirge.

Feuerwehrleute müssen so einiges aushalten, wie diese Geschichte erzählt:

Im Eingangsbereich eines Wohnhauses wurde eine Schlange aufgefunden. Die alarmierte Feuerwehr stellte fest, dass es sich um eine Ringelnatter handelte. Sie wurde eingefangen und in der freien Natur wieder freigelassen.

Wahrscheinlich war es nicht leicht, die Feuerwehr einzufangen. Wie sich diese nach ihrer Freilassung in der freien Natur zurechtgefunden hat – darüber schweigt die Chronik.

Der Frühschoppen ist traditioneller Bestandteil von Feuerwehrfesten, Musikerkirtagen und ähnlichen Feierlichkeiten. In heutiger Zeit ist eine Verwechslung mit einem englischen Wort nicht ausgeschlossen, sodass man in einer Ankündigung lesen konnte:

Am Sonntag lädt die Feuerwehr zum Frühshoppen.

Muss nett sein, so ein morgendlicher Einkaufsbummel mit den Florianis!

Gelebte Gastfreundschaft

.... Offenbar aus Dankbarkeit kam der Igel anfangs Juli mit seinen Jungen in das Haus zu Besuch und verweilte dort einige Tage.

Platz ist in der kleinsten Hütte. Wer könnte so nette Gäste auch abweisen?

Saufen statt Laufen - Hier wurde schon im Vorfeld gefeiert:

Zwölf Stationen gab es für die Läufer zu absolvieren. Und überall gab es etwas zu trinken, auch Hochprozentiges. Bis ins Ziel ... kamen alle Läufer, doch niemand wusste mehr, ob er eine Runde gelaufen war oder mehr.

Die meisten werden wohl ins Ziel getorkelt sein.